Disney
WISH
ASHA ET LA BONNE ÉTOILE

DE LA **MOYENNE SECTION**
À LA **GRANDE SECTION**
4-5 ans

Cahier de vacances

Cécile Vibaux
Professeure des écoles
Maîtresse formatrice

hachette
ÉDUCATION

ISBN : 978-2-01-726780-5

© Hachette Livre, 2024
58, rue Jean Bleuzen, CS 70007, 92178 Vanves Cedex
www.parascolaire.hachette-education.com

Couverture
Astrid Payet
Intérieur
Conception graphique : Astrid Payet
Mise en pages : Loïc Audrain
Édition : Marie-Lou Copin, Marie Trémoureux

Imprimé en mars 2024 en Italie par Elcograf - Dépôt légal : Mai 2024 - Édition n° 01-39/9137/2

Sommaire

A comme ASHA

Identifier la lettre A

Asha et sa famille vivent dans le Royaume des Vœux.
Entoure les lettres A. Suis l'exemple.

Colorie le dessin si tu entends le son [a] dans son nom.

cheval

papillon

chèvre

pomme

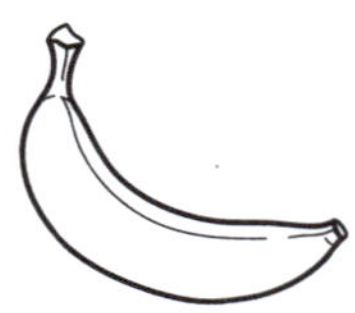
banane

Repasse sur les lettres en pointillés et complète ces lignes d'écriture.

A A A A

ASHA SH

Les formes géométriques

Reconnaître les formes géométriques

Asha organise une fête d'anniversaire pour Saba.
Ajoute des autocollants pour compléter ces guirlandes.

Colorie ces formes en respectant les couleurs.

Repasse sur les modèles en pointillés, puis trace ces formes à ton tour.

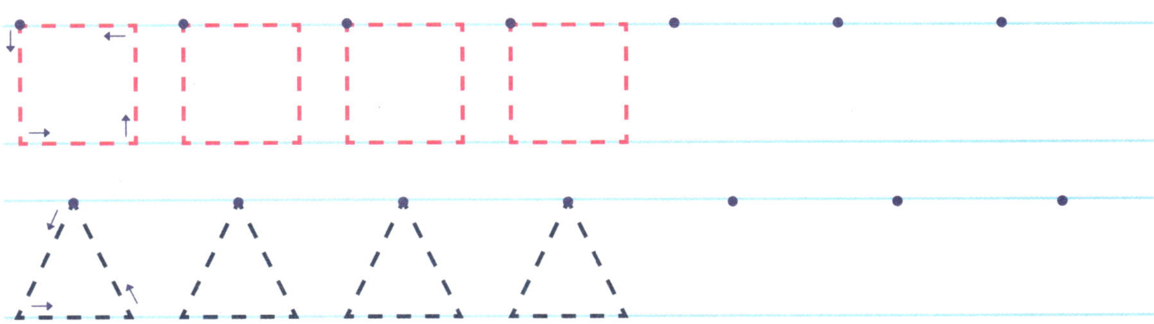

U comme UNION

Identifier la lettre U

Star vient d'apparaître dans le ciel de Rosas.
Aide Asha à la retrouver. Trace son chemin en suivant les lettres U.

Entoure l'image si tu entends le son [u] dans son nom.

tulipe

étoiles

lune

porte

nuage

lunettes

Repasse sur les lettres en pointillés et complète ces lignes d'écriture.

U U U U

UNION NION

Les nombres 1 et 2

Compter jusqu'à 2

Dahlia adore cuisiner ! Voici ses délicieux gâteaux.
Relie chaque ensemble au nombre qui correspond.

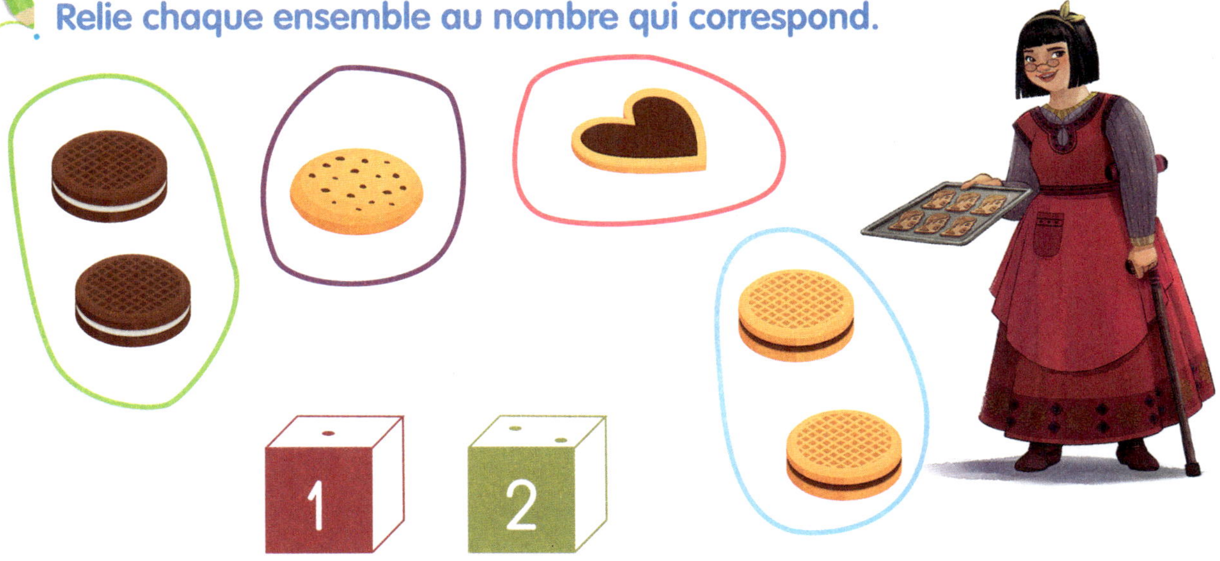

Entoure 1 bateau et 2 oiseaux.

Repasse sur les chiffres en pointillés et complète ces lignes.

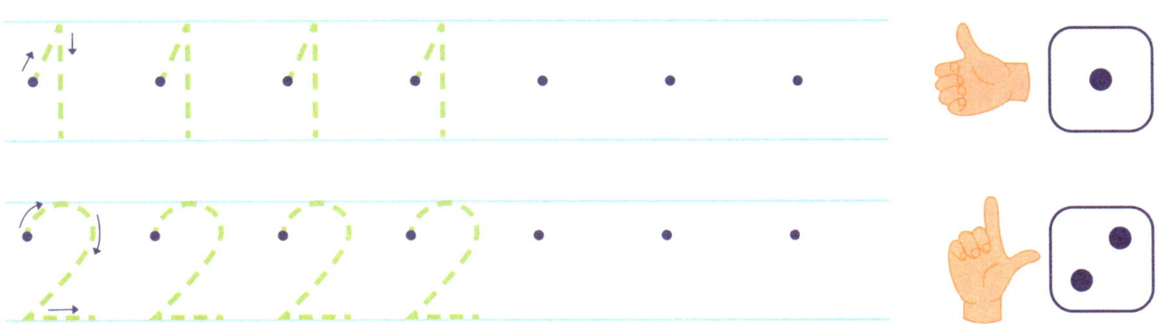

I comme IDÉE

Identifier la lettre I

Asha, Saba et Sakina aiment partager un repas ensemble.
Colorie l'étiquette si tu vois la lettre I dans le mot. Suis l'exemple.

SAKINA

SABA

TABLE

VALENTINO

SOURCIL

COLLIER

VIOLET

ASHA

Entoure le mot AMI dès que tu le vois. Suis l'exemple.

AMITIÉ

AMI ÂME AMICAL

AMI

ÂNE RAVI

AMI AIME

AIMER

AMI

Repasse sur les lettres en pointillés et complète ces lignes d'écriture.

I I I I

IDÉE IDÉE IDÉE

Les catégories

Classer des objets

Asha fait visiter Rosas aux touristes.

Colorie les objets à emporter lors d'une balade touristique.

Barre tous les aliments qui ne sont pas des fruits.

Colle tes autocollants dans la bonne catégorie.

LES VÉGÉTAUX

LES ANIMAUX

Jeux

Star veut sauver les vœux des habitants de la Cité de Rosas. Repasse sur le chemin qu'elle doit emprunter pour rejoindre les bulles de vœux.

Parmi tous ces personnages, lesquels vois-tu sur l'image ?
Entoure-les.

É comme ÉTOILE

Identifier la lettre É

Asha pense à son père et regarde les étoiles.
Colorie les étiquettes où tu vois le mot ÉTOILE. Suis l'exemple en vert.

ÉTOILE

ÉPÉE

ÉTOILE

ÉCHELLE

ÉTOILE

ÉTÉ

ÉTOILE

ÉTOILE

ÉCRIRE

ÉTOILE

ÉPONGE

Entoure l'image si tu entends le son [é] dans son nom.

clé

journal

échelle

cheminée

abricot

éclair

Repasse sur les lettres en pointillés et complète ces lignes d'écriture.

É É É É

ÉTOILE TOILE TOILE

Les nombres 3 et 4

Compter jusqu'à 4

1 2 3 4

Voici les ingrédients pour réaliser le gâteau d'anniversaire de Saba.
Relie chaque ensemble au nombre qui lui correspond.

Relie 3 fruits et 4 ustensiles de cuisine à Valentino.

Repasse sur les chiffres en pointillés et complète ces lignes.

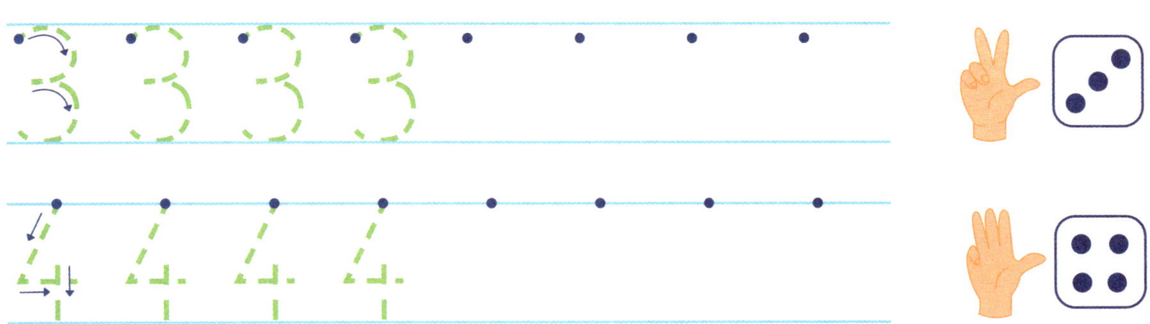

O comme OREILLE

Identifier la lettre O

Magnifico n'exauce pas tous les vœux.
Entoure tous les noms qui contiennent la lettre O ou o. Suis l'exemple.

Colorie le dessin si tu entends le son [o] dans son nom.

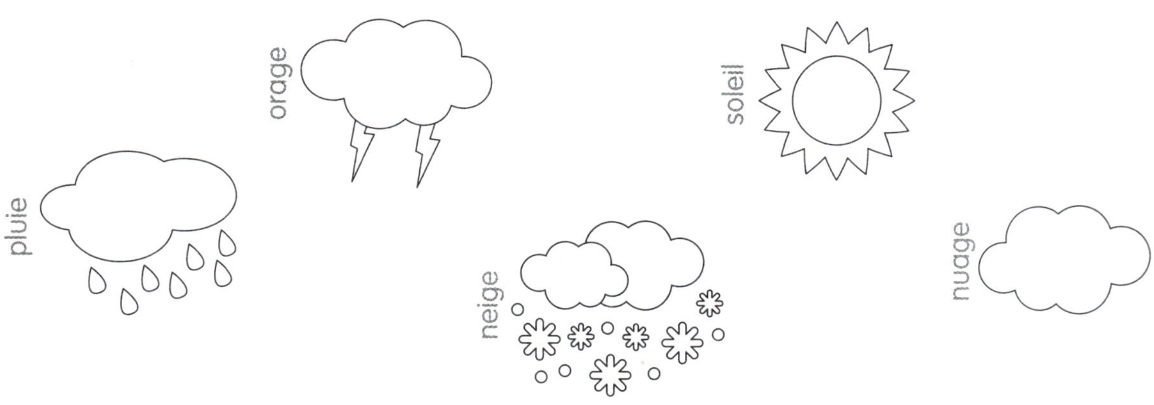

Repasse sur les lettres en pointillés et complète ces lignes d'écriture.

REILLE REILLE

Les frises

Compléter une frise

Asha est très proche de sa famille.

Complète ces frises en te servant de tes autocollants.

Complète ces frises en te servant de tes autocollants.

Colorie les formes en respectant l'ordre des couleurs.

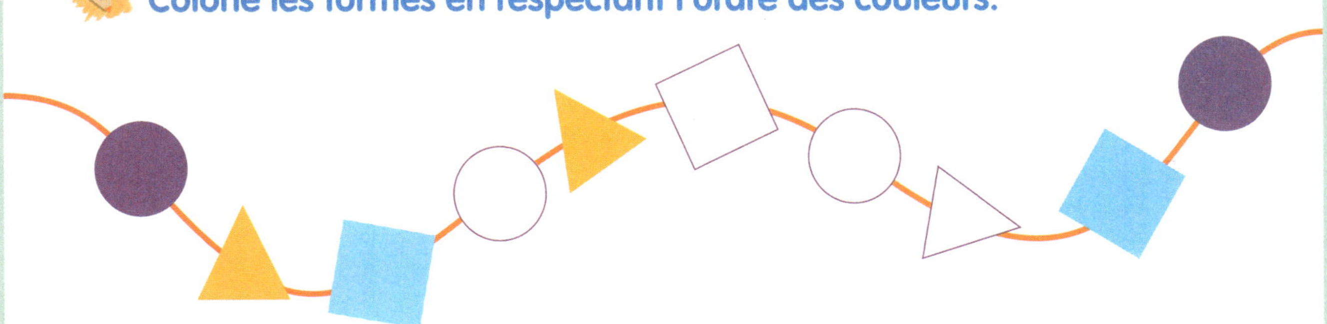

P comme PAPI

Identifier la lettre P

Asha a grandi avec son papi et sa maman.

Avec tes autocollants, colle l'image qui correspond à chacun de ces mots.

POULE

LAPIN

PAPI

Colorie de la même couleur les lettres qui sont identiques.

U O P A

P E E

A

O I I U

Repasse sur les lettres en pointillés et complète ces lignes d'écriture.

P P P P

PAPI A I

Le nombre 5

Compter jusqu'à 5

1 2 3 4 5

Ces bulles renferment les rêves des habitants de Rosas !
Compte et entoure 5 bulles.

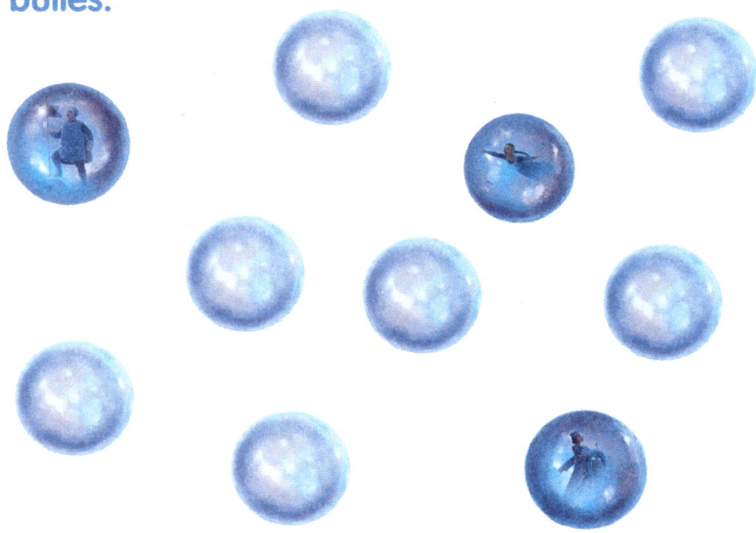

Avec tes autocollants, colle les dés qui indiquent le bon nombre de livres dans chaque groupe.

Repasse sur les chiffres en pointillés et complète la ligne.

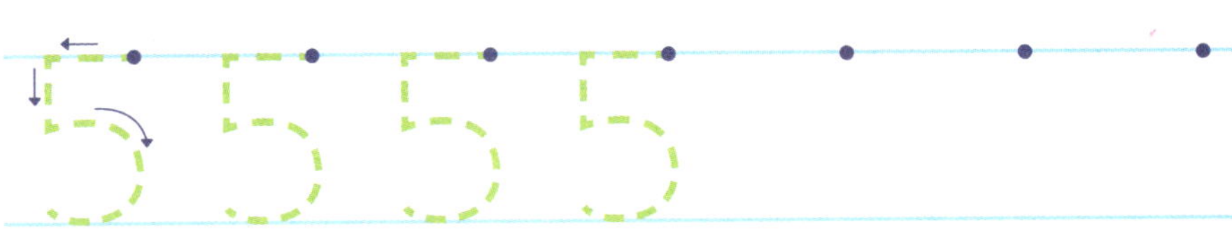

Jeux

Trouve les 5 différences. Entoure-les sur l'image du bas.

Solutions : Star, les cordons de la ceinture d'Asha et l'écureuil ont disparu, un lapin est apparu et un papillon a changé de couleur.

Colorie chaque case avec la couleur indiquée par le nombre de doigts sur les mains.

L comme LUNE

Identifier la lettre L

Quelle jolie lumière au lever du soleil !
Entoure seulement les lettres L ou l. Suis l'exemple.

Colorie le dessin si tu entends le son [l] dans son nom.

Repasse sur les lettres en pointillés et complète ces lignes d'écriture.

L L L L

LUNE LUNE LUNE

Les tailles

Comparer les tailles

Asha cache Star et Valentino dans le poulailler du château.
Relie chaque poule à la salade qui est à sa taille.

Avec tes autocollants, colle les poussins du plus petit au plus grand.

Colle chaque autocollant à l'endroit qui convient.

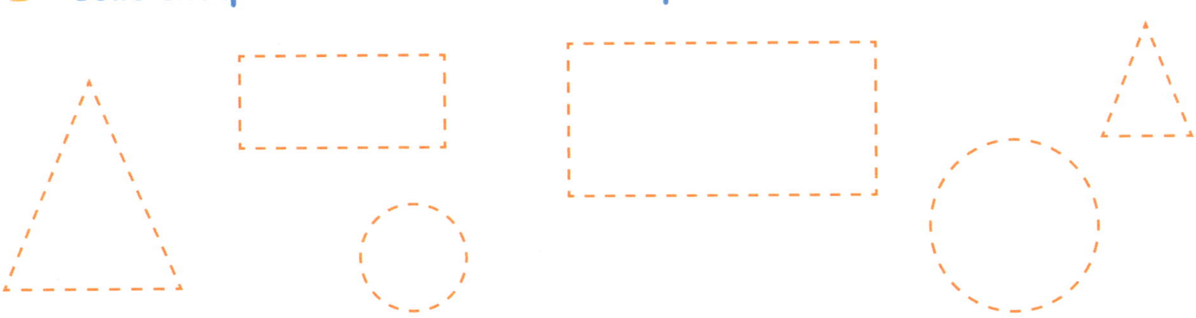

M comme MAMAN

Identifier la lettre M

Tous les habitants de Rosas aiment Star.
Colorie l'étiquette si le mot qu'elle contient comporte la lettre M ou m.

Entoure toutes les lettres M ou m que tu vois. Suis l'exemple.

m M M n A L d
M N a M m
M m W g E P

Repasse sur les lettres en pointillés et complète ces lignes d'écriture.

M M M

MAMAN A AN

Le nombre 6

Compter jusqu'à 6

1 | 2 | 3 | 4 | 5 | 6

Les habitants de Rosas ont tous un objet préféré.
Entoure le nombre d'objets indiqué au début de chaque ligne.

Compte le nombre de pelotes de laine, puis colorie le dé qui correspond.

Repasse sur les chiffres en pointillés et complète la ligne.

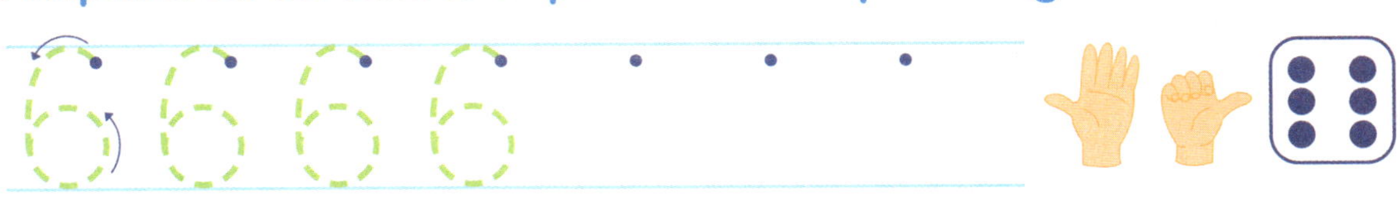

S comme STAR

Identifier la lettre S

Star aime beaucoup s'amuser.
Trouve les mots SOUPE, DESSIN et SAC.
Colorie-les comme dans l'exemple SOLEIL.

SOLEIL	S	O	L	E	I	L
SOUPE	B	S	O	U	P	E
DESSIN	D	E	S	S	I	N
SAC	O	C	E	S	A	C

Entoure l'image si tu entends le son [s] dans son nom.

sapin

tasse

livre

fleur

lapin

coussin

Repasse sur les lettres en pointillés et complète ces lignes d'écriture.

S S S S

STAR TAR TAR

PAGE 5

PAGE 9

PAGE 15 - EXERCICE 2

PAGE 15 - EXERCICE 1

PAGE 16

PAGE 17

PAGE 21 - EXERCICE 2

PAGE 21 - EXERCICE 3

PAGE 27

PAGE 29

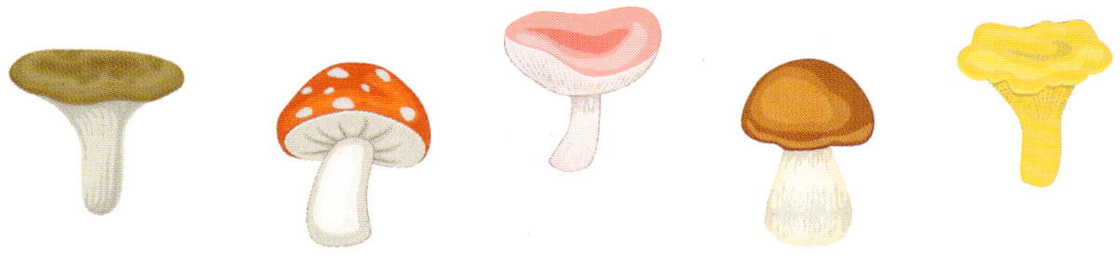

PAGE 30

N N Z M

N W N Z

PAGE 33 - EXERCICE 1

PAGE 33 - EXERCICE 2

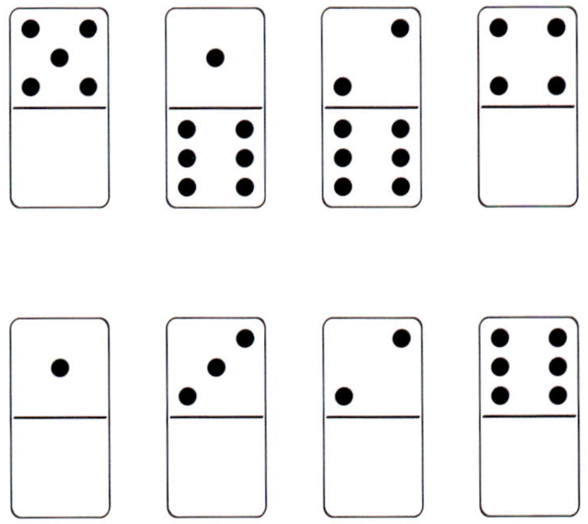

PAGE 37

PAGE 39 - EXERCICE 1

PAGE 46

PAGE 39 - EXERCICE 3

3 4 5 6 7

PAGE 47

PAGE 44

G A E T U G E

B T A U A E T

Ombres et contours

Distinguer des ombres

Sauras-tu reconnaître ces personnages ?
Relie chaque personnage à son ombre.

Observe et entoure la bonne ombre de Valentino.

Jeux

Écoute les indices et relie chaque personnage à son objet.

Employée au château, je fais de délicieux gâteaux qui représentent le roi. Pour cuisiner, j'ai besoin d'ustensiles de cuisine !

Je fais visiter aux nouveaux arrivants la magnifique Cité de Rosas. Pour qu'ils me voient bien, j'utilise un drapeau.

Je suis le plus puissant du Royaume. Pour renforcer ma magie, j'utilise un livre de sorts.

Mon souhait le plus cher est d'inspirer les autres et de savoir jouer du luth.

Asha adore dessiner !
Colle à côté de chaque feutre le crayon qui est de la même couleur.

R comme REINE

Identifier la lettre R

Toutes les lettres sont mélangées dans les boîtes !
Entoure les lettres qui servent à écrire chacun de ces mots.

ROI

G D A R
O W Y
B Q M I

COURONNE

N R E S
M I O C
N U O W

CHEVREAU

C U E N
L B E
A V R P H

Entoure le mot ROUGE dès que tu le vois. Suis l'exemple.

BLEU

ROUGE

ROSE

BLEU

ROUGE

ROUGE

COURGE

BOUGE

ORANGE

Repasse sur les lettres en pointillés et complète ces lignes d'écriture.

R R R R

REINE EINE

Le nombre 7

Compter jusqu'à 7

1	2	3	4	5	6	7

Asha adore se promener en forêt !
Compte les oiseaux, les papillons et les champignons et écris leur nombre.

Ajoute des autocollants pour qu'il y ait 7 champignons en tout.

Repasse sur les chiffres en pointillés et complète cette ligne.

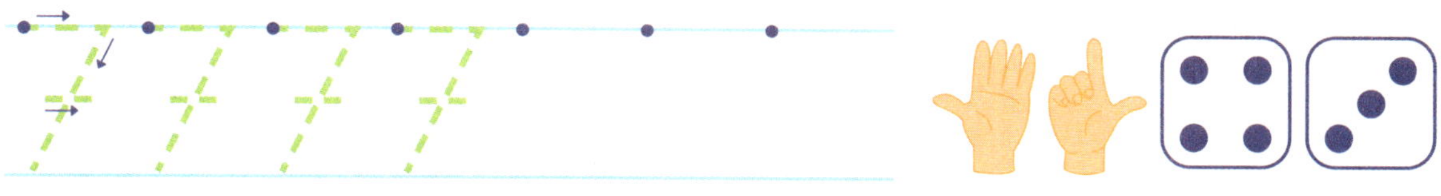

N comme NUAGE

Identifier la lettre N

Connais-tu la lettre N ?
Regarde bien les étiquettes sous les images, puis complète les mots avec tes autocollants.

NOISETTE

LUNETTES

LUNE

SAKINA

LU☐ETTES LU☐E SAKI☐A ☐OISETTE

Colorie le dessin si tu entends le son [n] dans son nom.

Valentino

couronne

seau

fraise

nœud

Repasse sur les lettres en pointillés et complète ces lignes d'écriture.

N N N N

NUAGE UAGE

Le sens et l'orientation

Se repérer dans l'espace

On dirait que Gabo s'est perdu dans le poulailler !
Entoure les poules qui vont dans le même sens que Gabo.

Sur chaque ligne, barre l'animal qui n'est pas dans le même sens que les autres.

Colorie la flèche qui va dans le même sens que le personnage.

B comme BULLE

Identifier la lettre B

Magnifico renferme les vœux dans son observatoire.
Retrouve les mots de la phrase et colorie-les.

Observe les belles bulles !

celles

pelles

belles

les

Observe

roule

bulles !

il

Relie à la lettre b tous les insectes dont le nom contient le son [b].

b

scarabée

libellule

fourmi

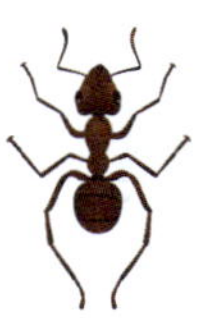

abeille

coccinelle

mouche

Repasse sur les lettres en pointillés et complète ces lignes d'écriture.

B B B B

BULLE ULLE

Le nombre 8

Compter jusqu'à 8

1	2	3	4	5	6	7	8

Beaucoup de fruits et légumes sont cultivés dans le Royaume de Rosas.
Complète chaque colonne à l'aide de tes autocollants.

6 7 8

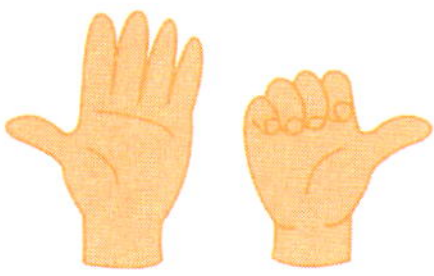

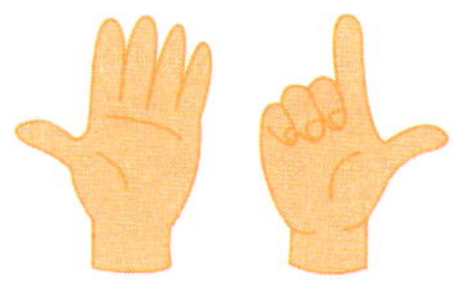

Colle sous chaque nombre le domino correspondant.

1 2 3 4 5 6 7 8

Repasse sur les chiffres en pointillés et complète la ligne.

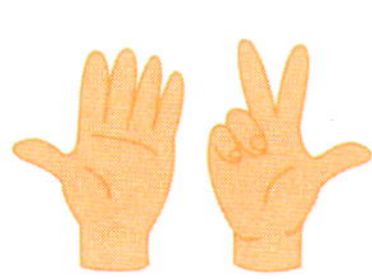

Jeux

Trace le chemin qui permettra à Valentino de rejoindre Star.

Observe bien les détails dans les loupes, puis relie-les à la bonne scène.

T comme TABLE

Identifier la lettre T

Il faut se rebeller contre le Roi Magnifico !
Entoure la lettre T ou t dès que tu la vois. Suis l'exemple.

Entoure l'image si tu entends le son [t] dans son nom.

guitare

carotte

tableau

pomme

lapin

tarte

Repasse sur les lettres en pointillés et complète ces lignes d'écriture.

ABLE ABLE ABLE

Plus, moins, autant

Comparer des quantités

Bienvenue dans le laboratoire de Magnifico !
Quel groupe est le plus nombreux : les fioles ou les livres ? Entoure-le.

Barre des pièces pour qu'il y ait moins de pièces que de drapeaux.

Ajoute des autocollants pour qu'il y ait autant de cages à oiseaux que de cerfs-volants.

C comme COURONNE

Identifier la lettre C

Bien fait pour toi, Magnifico !
Colorie la bande de mots qui est identique au modèle violet. Attention à l'ordre des mots !

Le | méchant | Magnifico | est | coincé | dans | le | miroir.

miroir. | le | le | Magnifico | coincé | méchant | dans | est

Le | méchant | Magnifico | est | coincé | dans | le | miroir.

Magnifico | miroir. | coincé | est | méchant | le | le | dans

Colorie le dessin si tu entends le son [k] dans son nom.

canard

écureuil

carotte
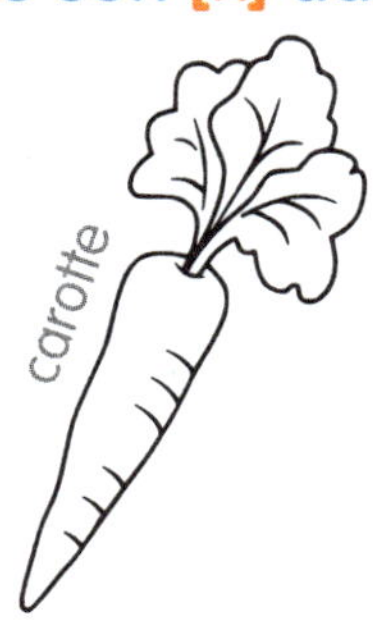

cœur

poire

Repasse sur les lettres en pointillés et complète ces lignes d'écriture.

C C C C

COURONNE

Les tableaux

Utiliser des tableaux

Valentino est rigolo avec sa grosse voix !

Complète le tableau avec tes autocollants. Suis les exemples.

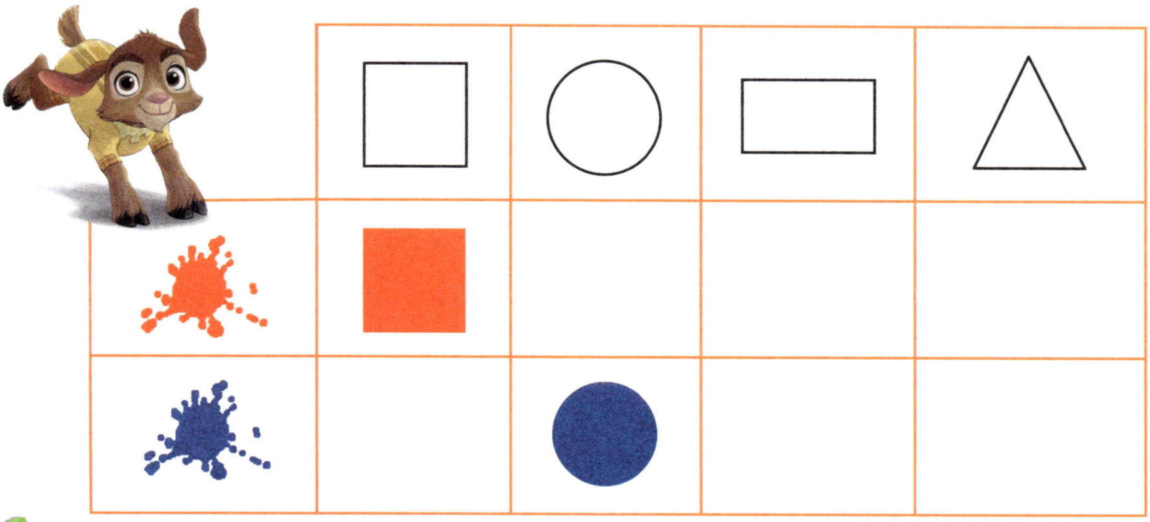

Colorie chaque élément de la couleur indiquée. Suis les exemples.

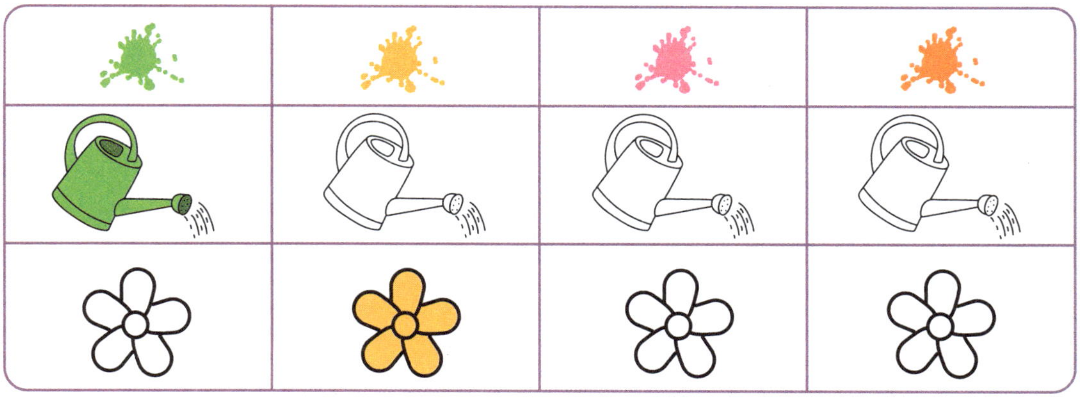

Compte les objets. Colle dans le tableau le nombre que tu as trouvé pour chacun d'eux.

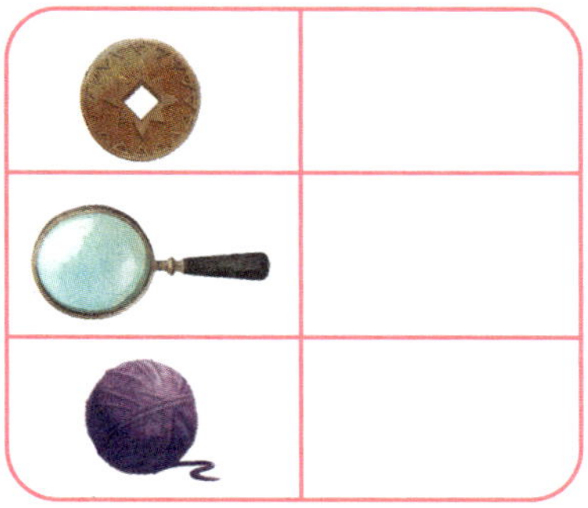

D comme DAHLIA

Identifier la lettre D

Toutes les lettres ont été mélangées !
Entoure les lettres qui servent à écrire chacun de ces mots.

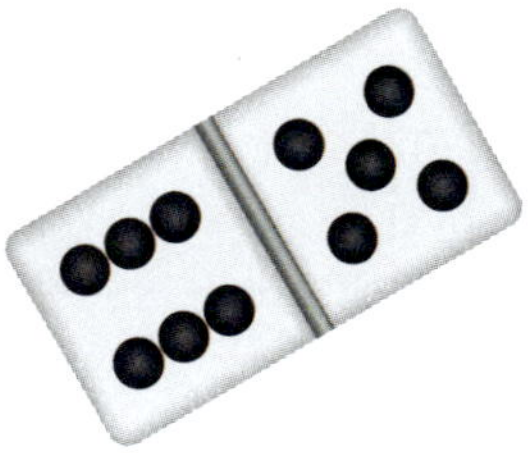

DOMINO	cadeau	radis
D I M A N O R D N O	a u o t c d e b a h	w h a r s d i i o z

Suis les lettres D et trace le chemin de Asha vers Star.

Repasse sur les lettres en pointillés et complète ces lignes d'écriture.

D D D D

DAHLIA AHLIA

Au-dessus, au-dessous, entre

Se repérer dans l'espace

Dans le palais, les salons sont confortables.

Barre les objets qui sont au-dessus de la cheminée et entoure ceux qui sont au-dessous.

Regarde bien l'image, puis entoure le personnage situé entre Asha  et Bazeema  .

Colorie ces formes de la même couleur que leur modèle.

Jeux

Colorie ce dessin selon le code couleurs indiqué.

Connais-tu bien ces personnages ?
Observe leur prénom, puis relie chacun d'eux à la bulle qui porte leur initiale.

Gabo

Magnifico

Asha

D

S

M

G

V

A

Dahlia

Valentino

Saba

G comme GUITARE

Identifier la lettre G

Sans Magnifico, les habitants de Rosas vont vivre en paix.
Regarde bien les modèles, puis colle les lettres de tes autocollants pour reconstituer les mots.

GÂTEAU BAGUETTE

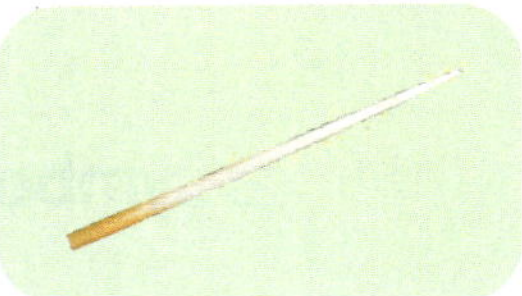

Colorie de la même couleur les lettres majuscules et les lettres minuscules. Aide-toi du tableau des lettres.

B	b
E	e
G	g
M	m
N	n
O	o
P	p

B E M N G n p o P O e b m g

Repasse sur les lettres en pointillés et complète ces lignes d'écriture.

G G G G

GUITARE GUITARE

Le temps

Se repérer dans le temps

Quelle que soit la saison, il fait bon vivre à Rosas !
Barre les objets qui te font penser à l'hiver.

Quelle météo fait-il chez toi aujourd'hui ? Entoure le ou les symboles qui correspondent.

Colorie le jour où tu finis cette page de ton cahier.

LUNDI

MARDI

MERCREDI

JEUDI

VENDREDI

SAMEDI

DIMANCHE

F comme FLEUR

Identifier la lettre F

Depuis qu'il a donné son vœu à Magnifico, Simon est fatigué.
Colle l'image qui correspond à chaque mot. Aide-toi des modèles.

fleur

fourmi

feuille

feu

fourmi — feu — fleur — feuille

Entoure l'image si tu entends le son [f] dans son nom.

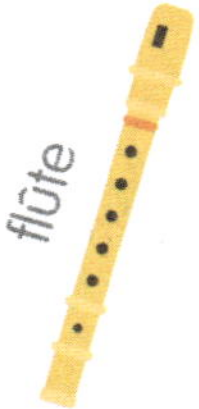
flûte

lapin

œuf

sablier

guitare

farine

Repasse sur les lettres en pointillés et complète ces lignes d'écriture.

F F F F

FLEUR LEUR LEUR

J comme JAUNE

Identifier la lettre J

Star est très puissante.
Colle l'image qui correspond à chaque mot.

JUPE

JOURNAL

JONQUILLE

JONQUILLE

JUPE

JOURNAL

Trouve les mots JARDIN, JOUET et JUDO.
Colorie-les comme dans l'exemple JOUR.

JOUR	F	J	O	U	R	E
JARDIN	J	A	R	D	I	N
JOUET	E	J	O	U	E	T
JUDO	J	U	D	O	E	N

Repasse sur les lettres en pointillés et complète ces lignes d'écriture.

J J J J

JAUNE AUNE AUNE

Jeux

**Asha est passionnée par le ciel et les étoiles.
Compte les éléments qu'elle observe dans le ciel et écris le bon nombre sur le bloc-notes.**